ABÉCÉDAIRE

DES

PETITES DEMOISELLES,

AVEC

DES LEÇONS TIRÉES DE LEURS JEUX

ET DE LEURS OCCUPATIONS ORDINAIRES.

16me ÉDITION,

Ornée de jolies figures.

PARIS,

À LA LIBRAIRIE DE L'ENFANCE ET DE LA JEUNESSE

P. C. LEHUBY,

SUCCESSEUR DE M. PIERRE BLANCHARD

Rue de Seine, 53.

1845.

A B

C D

E F

G H
IJ K
L M

N	O
P	Q
R	S

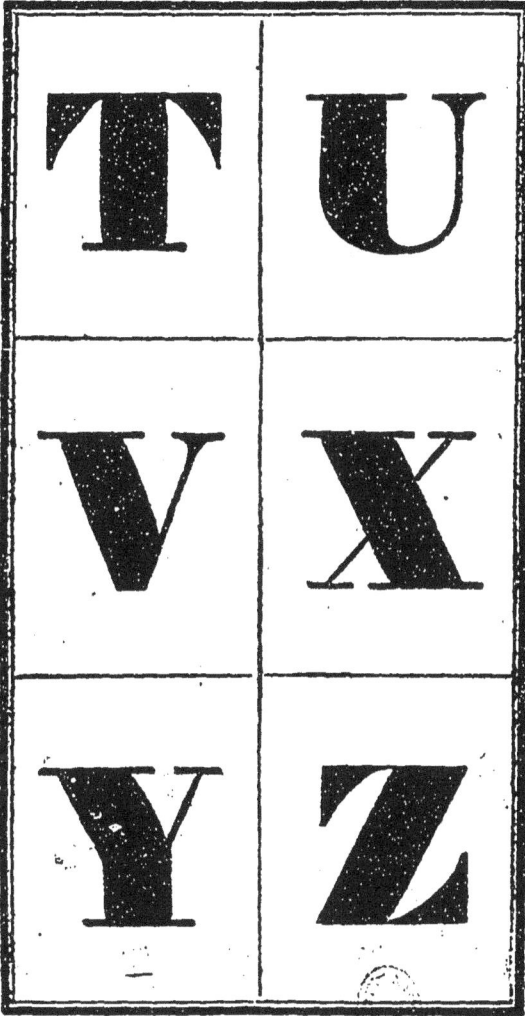

a   *b*   *c*   *d*

e   *f*   *g*   *h*

i   *j*   *k*   *l*

m   *n*   *o*   *p*

q   *r*   *s*   *t*

u   *v*   *x*   *y*   *z*

ALPHABET QUADRUPLE,

OU LETTRES MAJUSCULES ET MINUSCULES,
COURANTES ET MANUSCRITES.

A a	B b	C c	D d	E e
F f	G g	H h	I i	J j
K k	L l	M m	N n	O o
P p	Q q	R r	S s	T t
U u	V v	X x	Y y	Z z

LETTRES DOUBLES

ET LIÉES ENSEMBLE.

Æ æ OE œ

ff fi ffi fl ffl

W w

Æ æ OE œ

ff fi ffi fl ffl

W w

CHIFFRES.

1 2 3 4 5 6

7 8 9 0

PREMIÈRE LEÇON.

VOYELLES.

a e i ou y o u

SYLLABES.

ba	be	bi	bo	bu
ca	ce	ci	co	cu
da	de	di	do	du
fa	fe	fi	fo	fu
ga	ge	gi	go	gu
ha	he	hi	ho	hu
ja	je	ji	jo	ju

1.

ka ke ki ko ku

la le li lo lu

ma me mi mo mu

na ne ni no nu

pa pe pi po pu

qua que qui quo qu

ra re ri ro ru

sa se si so su

ta te ti to tu

va ve vi vo vu

xa xe xi xo xu

za ze zi zo zu

DEUXIÈME LEÇON.

MOTS A ÉPELER.

SYLLABES SIMPLES ET PLEINES.

Pa pa. Ma ri.
A mi. Mi di. Mi
mi. Jo li. Po li.
Dé jà. Nu mé ro.
O pé ra. A ni ma.
Pa ri. Se ra.

PHRASES FORMÉES DE SYLLABES SIMPLES ET PLEINES.

Si Mi mi a ri,

papa la punira.
Coco a déjà
lu, papa rira.
Papa sera ici
à midi.

SYLLABES SIMPLES ET TERMINÉES PAR UN E MUET.

Rose. Dose.
Lune. Dune.
Une. Rue. Vue.
Vie. Ravie. Jolie. Rave. Cave.

I 'ma ge. Ri re.
Pi le. Fa ci le.
Vo lu me. Pa-
ru re.

PHRASES A ÉPELER.

Ma pe ti te a-
mi e Li li ne a é té
sa ge.

U ne jo li e i-
ma ge.

Pa pa i ra à
Ro me.

TROISIÈME LEÇON.

SYLLABES SIMPLES ET TERMINÉES PAR UN E MUET ET UN S.

Les da mes.
Mes da mes. Les
â mes. Les â nes.
Les ro ses. Les
i ma ges. Les jo-
li es i ma ges. Les
pe ti tes i ma ges.
Des ro bes. De

jo li es ro bes. De
pe ti tes ro bes.
Mes pe ti tes a-
mi es. Des da-
mes ma la des.
Les ma la di es.

QUATRIÈME LEÇON.

SYLLABES COMPOSÉES.

**Mon. Ton. Son.
Bon. Vin. Lin.
Fin. Pin. Van.**

Tan. Pan. En.
Nos. Vos. Dos.
Tas. Pas. Ras.
Cas. Las. Rat.
Ris. Riz. Pis. Car.
Par. Pé rir. Ra-
vir. Sa lir. Ver.
Mer. Mal. Pal.
Tel. Sel. Bel.
Bec. Sec. A vec.
Un. Pé tun. Ta-
bac. Sac. Pot.
Tu es.

PHRASES A ÉPELER.

Ma man me
don ne ra des
bon bons tan tôt,
si je lis u ne page
en ti è re.

CINQUIÈME LEÇON.

SYLLABES PLUS COMPOSÉES.

Dans. Vent. Les
vents. Dent. Les
dents. Ser pent.

Les ser pens.
Lent. Len te.
Con tent. Con ten-
te. Vert. Ver te.
Rond. Ron de.
Mon de. Mont.
Les monts. Pont.
Les ponts. En-
fant. Les en fans.
Part. Tard. Lard.
Lé o pard. Parc.
Arc. Tort. Port.

A lors. Porc. Je dors. Il est. Ils sont.

PHRASES A ÉPELER.

Les en fans sa- ges sont ré com- pen sés.

On met en pé- ni ten ce les en- fans in do ci les.

SIXIÈME LEÇON.

DIPHTHONGUES.

Bien. **Lien.**
Mien. Tien. Sien.
Pied. Fier. Pier-
re. Lier. Ma ri er.
Liard. Lui. Nuit.
Puits. Muet. Juin.
Ciel. Fiel. Miel.
Je suis.

PHRASES A ÉPELER.

Il faut bien é-
tu dier, on ne
vous gron de ra
pas.

SEPTIÈME LEÇON.

DEUX VOYELLES NE FAISANT QU'UN
SON.

Feu. Peu. Peur.
Ter reur. Bon-
heur. Mal heur.
Au. Mau ve. Mou.

Cou. Sou. Fou.

Pour. Tour.

Lourd. Lour de.

J'ai. J'au rai.

J'ai me. J'ai me-

rai. Ja mais.

Dais. Mai. Pain.

Main. Faim.

Daim. Vai ne.

Vei ne. Rei ne.

PLUSIEURS VOYELLES FORMANT UN
SEUL SON.

Dieu. Dieux.

Cieux.   Mieux.

Vieux.   Lieue.

Eau. Peau. Veau.

Beau. Tau reau.

Suie.   Es suie.

Ap puie. Je joue.

Je joue rai. J'a-

voue.   J'a voue-

rai.

VOYELLES DE SUITE FORMANT
PLUSIEURS SONS.

Jou er. Avouer.

Rou er. Rou ir.
Jou ir. Su er.
Su a ve. Rou et.
Fou et.

HUITIÈME LEÇON.

VOYELLES ACCENTUÉES.

Accent aigu (´).

É té. É co le. É co
lier. Ré pé té. Ré fé-
ré. Ai mé. Por té.

L'é té a é té fort

a gré a ble cet te an-
née.

Un hom me ai mé.
U ne fem me ai mée.

Accent grave (').

Pè re. Mè re. Suc-
cès. Ac cès. Mi sè re.

Accent circonflexe (^).

Pâ te. Pâ té. Tê te.
Mê me. Gî te. Cô te.
Dô me. Flû te.

U ne pa te. De la
pâ te. Un en fant qui

2

tê te. Un hom me qui
a mal à la tê te. Une
eot te de fem me. Une
cô te d'a ni mal

Roi. Loi. Foi. Moi.
Toi. Voir. A voir.
Boi re. Poi re. Loi re.
Soin. Foin. Loin.
Coin. Moins. Point.
Toit. Toi tu re. Il
voit. Il boit. A voi ne.
Moi ne. Pi voi ne.
Poil. Toi le. Voi le.
Toi se. Ar doi se. Pon-

toi se. Oie. Foie. Joie.
A boie. Sa voie.

MOTS TERMINÉS PAR UN G QUI NE SE
PRONONCE PAS.

Sang. Rang. Ha-
reng. Seing. Long.

Blâ mer. Bles ser.
Ou bli er. Ob long.
Blu ter. Sem bla ble
Bras. Em bras ser.
Ar bre. Ar bris seau.
A breu ver. A bri.
Re brous ser. A bru-
tir. Bê te bru te. Bru-
tal.

Clé men ce. Cli ent.
Clo pin. Clô tu re.
Clou.　　Ré cla mer.
Clan des tin. Clair.
Clas se.

Cra be.　　Crain te.
Cra moi si. Cram pe.
Cram pon ner. Cré-
a teur. Crê me. Cri er.
Cri me.　　Cros se.
Croû ton.　　Cru el.
Cru au té.

Dra gon. Dra gée.
Dres ser. A dres ser.

Droit. Drô le. Dra-
per. Dra pier. Drap.
Des draps.

Flam me. Flam-
beau. Flam ber.
Fleur. Fleu rir. Fleu-
ve. Flot ter. Flo ren-
ce. Flu i de. Flû te.
Pan tou fle. Souf fle.
Fra cas. Fra gi le.
Frais. Frai se. Fram-
boi se. Fran ce. Frè-
re. Fri and. Fri an-
di se. Fro ma ge.

Froid. Froi du re.
Front. Fruit. Fru-
gal. Sou fre. Of fre.
Gau fre.

Gla neu se. Gland.
Glè be. Glis ser. Glis-
sa de. Glo be. Gloi re.
Glou ton. Glu. Glu-
ant. Ai gle. É pin gle.

Gra bat. Gras. Gra-
ce. Grand. Gran dir.
Grap pe de rai sin.
Gre lot. Gre na de.
Gre na dier. Gre nier.

Gri ma ce. Gri ve.
Gris. Gron der. Gros
Gros seur. Gru au.
Grue. Gru ger. O gre.
Po da gre. Vi nai gre.

Pla ce. Pla cer. Plai ne.
Plai re. Plat. Plan ter.
Plein. Pleu rer. Pli. Pli-
er. Plomb. Plom ber. Plon-
geur. Plu mé. Plu mer.
Plu ma ge. Pluie. Pleu-
voir. Sou ple. Cou ple.

Pra li ne. Prai rie. Pré.
Pré ci pi ce. Pre mier.
Pris. Pri è re. Prin ce.
Prin ci pal. Prix. Pro bi-
té. Pro cès. Pro cu rer.

Pru ne. Pru neau. Pru-
dent. A pre.

Spa ci eux. Splen deur.
Spon ta né.
Sta ble. Sta de. Stan ce.
Sta tue. Sti pu ler. Sto re.
Stu pi de. Sty le. Sty let.

Tra cas. Tra ce. Tra cer.
Train. Traî ner. Trè fle.
Tren te. Tri bu. Trem bler.
Trem blant. Tri bu nal.
Tric trac. Trois. Troi si è-
me. Trom per. Trô ne.
Trou ble. Ti tre. Ni tre.
A pô tre. Pâ tre.

Thé. Thé â tre. A pa-
thi e. A thée. A thlè te.
A thlé ti que.

Chat. Chien. Cher cher.
Char me. Char mer. Cha-
cun. Chi che. Chif fre.
Chou.

Chré tien. Chris ti a nis-
me. Jé sus-Christ.

CH PRONONCÉ COMME K.

Or ches tre. É cho. Cho-
ris te. Eu cha ris tie. Chi-
ro man cie. Bac chus.
Bac cha nal. Bac chan te.

Vrai. Vrai sem bla ble.
Vrai ment. Li vre. Vi-
vre. I vre. Nous vi vrons.
Li vrer. Je li vre rai.

DU Q.

Qui. Que. Quel que.

2

Le quel. La quel le. Quoi-
que. Quand. Co quin. Co-
que. Queue. Cro quet.

GUE, GUÉ, ET GUË.

Ba gue. Da gue. Do-
gue. Fi gue. Li gue. Fu-
gue.

Dis tin gué. Dis tin-
guer. Il dis tin gue. Nous
dis tin guons. Il dis tin-
gue rait.

Ci guë. Ré pon se am-
bi guë.

SON DE L'S SEUL ENTRE DEUX VOYELLES.

Di vi si on. A si le. Ré-
sis tan ce. Rai son. U sage. Il lu si on. Be soin,
Choi sir. O ser. Ha sard.
Ma ga sin.

LES DEUX SS.

**Des sus. Des sous. Pas-
ser. Tousser.**

SON DU Z AU COMMENCEMENT DU MOT.

**Zè le. Zig zag. Zé non.
Zo ï le. Zo ro as tre. Zè-
bre. Zo di a que. Zone.**

SON DU Z AU MILIEU DU MOT.

**On ze. Dou ze. Trei ze.
Qua tor ze. Sei ze. Sei-
zi è me.**

DU Z A LA FIN DU MOT.

**Le nez. As sez. Vous
ai mez. Vous dan sez.**

DE L'X AYANT LE SON DU CS JOINTS
ENSEMBLE.

Xi xi. Xan tip pe. Xer-

cès. Per ple xe. A xe.
Lu xe. Fi xe. Ex trê me.
Styx. Lynx. Pré fix. In-
dex.

DE L'X PRONONCÉ COMME GZ JOINTS
ENSEMBLE.

E xer ci ce. E xa men.
Xa vi er.

DE L'X PRONONCÉ COMME DEUX SS.

Au xer re. Bru xel les.
Six. Dix.

X PRONONCÉ COMME Z.

Deu xi è me. Si xi è me.
Di xi è me.

X PRONONCÉ A LA FIN DES MOTS COMME S.

Beaux hom mes. Oi-
seaux. Heu reux. Feux.
Jeux. Per drix. Prix.

L'Y.

Moy en. Ci toy en.
Roy al. Ap puy er. Ay ez.
Pays. Pay san. Ab bay e.
Y eux. Il y a des gens
hon nê tes, fiez-vous-y. Al-
lez-y.

LE T PRONONCÉ COMME DEUX SS.

Pu ni ti on. In ven ti on.
An non ci a ti on. É di-
ti on. Par ti ti on.

LE Ç CÉDILLE PRONONCÉ COMME DEUX SS.

Re çu. Gar çon. Fa ça-
de. For çat. Fran çois.

PH PRONONCÉ COMME F.

Phi lo so phe. Phra se.
Phy si que. Jo seph.

L MOUILLÉ.

Fil le. Quil le. Co quil-
le. Mouil ler. Meil leur.
Ci trouil le. Fau teuil. So-
leil. O seil le. Pa trouil le.
Cueil lir. Feuil le. Ail.
Bail. Pail le. Ba tail le.
Re pré sail les. Pail las se.
Vieil lard. Vieil les se. U-
ne vieil le fil le. Il faut
que j'ail le à Pa ris.

G MOUILLÉ.

Mon ta gne. Es pa gne.
Al le ma gne. Com pa gne.
Com pa gnie. Com pa-
gnon. Ro gnon. Pei gne.
Rè gne. A rai gnée.

LETTRES DOUBLES.

Ro sæ. Mu sæ. Vœu. Nœud. OEuf. Bœuf. Cœur. Chœur. OEil. OEillet.

H ASPIRÉ.

Le hé ros. Un hom me har di. Un ha reng. Les ha ri cots. La har pe. Le ha sard. La hu re.

H NON ASPIRÉ.

L'hom me. Un hom me. U ne hé roï ne. L'héro ï ne.

OI PRONONCÉ COMME AI.

J'ai mois *ou* j'ai mais. Les Fran çois *ou* les Fran-

çais. J'a vois. Il a voit. Je
joù ois. Il jou oit. Je croy-
ois. Il croy oit. Il croi roit.

DE ENT PRONONCÉ COMME EN.

Vent. Dent. Ar pent.
Se re pent. Il ment. Il sent.

DE ENT PRONONCÉ COMME E MUET.

Ils ai ment. Ils men tent.
Ils sen tent. Ils se re pen-
tent. Ils dan sent. Ils ai
moient *ou* ils ai maient.
Ils men toient. Ils dan-
soient. Ils ai me roient.
Ils dan se roient.

QUELQUES MOTS DIFFICILES.

Corps. Les corps hu-
mains. Temps *ou* tems.

Le prin temps. Les champs.
Prompt. Un hom me
prompt. U ne fem me
promp te. Un comp te d'ar-
gent. Com te. Mon sieur
le com te. Al ma nach. Es-
to mac. Pa ra phra se. Gé-
o gra phe. Gé o gra phi e.
Gé o gra phi que. Par fum.
Diph thon gue. É pi lep-
si e. É pi lep ti que.

PETITS CONTES.

LES ENFANS BIEN SAGES.

Le pe tit Pau lin et la pe ti te Ca ro li ne sa sœur é taient des en fans char- mans. Dès que leur ma- man leur com man dait quel que cho se, ils s'em- pres saient d'o bé ir, et ja- mais ils ne trou vaient trop dif fi ci le la le çon qu'on leur don nait à ap- pren dre. Ils com men- çaient à li re cou ram- ment. Sou vent Pau lin,

qui é tait le plus in struit,
pre nait un li vre où il y
a vait de beaux con tes , et
il en li sait un tout en tier
à sa sœur, qui l'é cou tait
a vec beau coup d'at ten-
ti on.

Leur ma man dit un jour:
Puis que mes en fans sont
si sa ges, il faut que je les
ré com pen se.

El le sor tit, et un in-
stant a près, el le ren tra a-
vec un tam bour qui é tait
aus si gros qu'un po ti ron,
et u ne pou pée gran de
com me u ne de moi sel le
de sept ans.

Quand Pau lin et Ca ro-

li ne vi rent . ce gros tam-
bour et cet te gran de poupée, ils se mi rent à sau-
ter de joie, par ce qu'ils
pen sè rent aus si tôt que
c'é tait pour eux.

— Ap pro chez, mes pe-
tits en fans, leur dit la
mè re ; je suis très-con-
ten te de vous. De puis
huit jours Pau lin lit très-
bien, et Ca ro li ne n'a pas
tou ché u ne seu le fois à mon
su cre. Aus si ai-je a che té
pour 'vous ces beaux jou-
joux que voi là. Te nez,
Pau lin, je vous don ne ce
tam bour, mais à con di ti-
on que vous n'en joue rez

que dans le jar din, et quand
je vous le per met trai ; et
vous, Ca ro li ne, pre nez
cet te pou pée dans vos
bras, et ne vous en oc cu-
pez que lors que vous au-
rez rem pli vos de voirs.
*C'est ain si qu'on ré com-
pen se les en fans qui sont
bien sa ges.*

L'AIMABLE ENFANT.

Voy ez ce jo li pe tit
gar çon qui cueil le des
fleurs au bord du che min ;

si vous a vez des dra gées
dans vo tre po che, vous
pou vez lui en don ner,
car il mé ri te qu'on l'aime et qu'on le ca res se. Il
a très-bien lu sa le çon.
Il a ré ci té fort jo li ment
u ne piè ce, il ô te tou-
jours son cha peau; tous
les ma tins il em bras se
son pa pa et sa ma man;
il s'em pres se de fai re
tout ce qui peut leur plai-
re, et par le très-po li ment
à tout le mon de. Je vous
ré pè te, si vous a vez des
dra gées, don nez-en à cet
ai ma ble en fant.

LE BOUQUET.

Di tes-moi, mon pe tit a mi, ai mez-vous bien les gâ teaux? — Oh! oui, Mon-sieur, j'ai me bien les gâ-teaux. — Eh bien! don-nez-moi ce beau bou quet que vous te nez là, et vous au rez un gâ teau. — Je ne peux pas, Mon sieur. — Non! Je vous en of-fre deux. Vous ne vou lez pas en co re? Je vous en

don ne trois, qua tre, six.
Com ment! ce la ne suf-
fit pas? Eh! quel prix
met tez - vous donc à ce
bou quet? — Mou sieur, je
l'ai fait pour ma man, et
je ne le don ne rais pas
pour tous les gâ teaux du
mon de. — Très - bien,
mon en fant! em bras sons-
nous; vous ê tes un bra ve
pe tit gar çon. Ve nez chez
le pâ tis si er; je veux que
vous em por tiez u ne
dou zai ne de pe tits gâ-
teaux, et que vous gar-
diez vo tre bou quet pour
vo tre ma man.

Le Dîner de cérémonie.

Ne jouez jamais avec le feu.

LE DINER DE CÉRÉMONIE.

ÉLISA attendait avec impatience trois amies de son âge auxquelles elle avait promis un dîner superbe. Les trois amies arrivèrent. Élisa courut au-devant d'elles, en leur apprenant que le couvert était mis.

On entra dans le jardin, où l'on trouva, en effet, à l'ombre des lilas en fleur, une table toute dressée. Cette table était bien large comme mes deux mains, et haute comme mon chapeau. Élisa avait placé autour quatre briques qui devaient servir de sièges ; une feuille de papier remplaçait la nappe. Les assiettes étaient de buis, et presque aussi grandes que des coquilles de noix : on voyait, à côté, des cuillères et des fourchettes d'étain, longues comme mon petit doigt ; au milieu de la table était

3

une brioche grosse comme mon poing;
c'était la plus belle pièce du repas. Sur
quatre feuilles de vigne, placées aux quatre coins, était une pomme coupée en petits morceaux, des dragées grises et blanches, des noisettes et des grains de raisin
sec.

A la vue de ce splendide festin, la com-
pagnie se récria, et fit quelques sauts dans
le transport de sa joie.

Allons, mesdemoiselles, dit gravement
Élisa, mettons-nous à table. Puis elle prit
le petit couteau dont sa maman lui avait
fait présent, et coupa la belle brioche en
quatre parts bien égales ; avec sa cuillère
d'étain, elle servit des morceaux de pomme, et, quand ce mets fut mangé, elle
donna autre chose, et réserva les dragées
pour la fin. Le repas fut très agréable, et
ces demoiselles assurèrent qu'elles s'étaient
beaucoup amusées.

Ce qui me plaît davantage là-dedans,
c'est que l'aimable Élisa, qui n'est pas du
tout gourmande, avait ramassé une à une

toutes les dragées qui avaient été servies; qu'elle avait précieusement conservé le raisin sec de son dessert, et qu'elle n'avait pas voulu manger toute seule la grosse brioche que sa maman lui avait donnée, parce qu'elle avait bien lu. C'était une charmante petite fille, qui se plaisait à faire part de tout ce qu'elle avait à ses jeunes amies.

NE JOUEZ PAS AVEC LE FEU.

CAROLINE avait été bien sage, et sa maman lui donna un joli ménage : des assiettes de porcelaine, des plats de terre blanche, des couteaux de plomb, et un petit réchaud de fer. On lui donna aussi une pomme pour la couper en morceaux et la mettre dans ses beaux plats.

Je vous demande si elle était contente :
elle invita toutes ses petites amies à venir
partager son plaisir. On remplit tous les
plats ; on prit des assiettes, on se mit à
table, et on mangea comme de grandes
personnes. C'était Caroline qui faisait les
honneurs, et qui servait tout son monde.

Tout cela était fort joli, et chaque fois
que la petite Caroline allait dire à sa maman : N'est-ce pas, maman, que je m'a-
muse bien ? la maman répondait toujours :
Oui, ma fille, vous vous amusez comme
un enfant qui a été bien sage.

Malheureusement, un jour qu'il n'y avait
personne, Caroline eut envie de faire cuire
quelque chose dans un de ses plats. Sa
maman lui avait bien défendu de toucher
au feu. La petite désobéissante, se voyant
seule, prit avec les pincettes quelques
charbons allumés, et les mit dans son réchaud. Pendant qu'elle faisait cette vilaine
chose-là, elle entendit sa maman qui rentrait. Vite, elle prit le réchaud tout plein

de feu, et alla le cacher derrière les rideaux de la fenêtre.

La maman, qui ne se doutait de rien,
lui dit : Caroline, comme tu as bien lu ta
leçon, tu vas venir promener avec moi.
En même temps elle la prit par la main,
sortit et ferma la porte à la clef.

Caroline et sa mère allèrent dans une
prairie peu éloignée. La maman, se plaça
sous un saule, et se mit à coudre ; Caroline
entra dans l'herbe jusqu'aux genoux,
cueillit des fleurs et fit des bouquets.

Il y avait bien deux heures qu'elles
étaient là, et elles songeaient déjà à reve-
nir, lorsqu'elles entendirent un bruit
comme de personnes qui courent vers un
endroit. Dans le même moment, elles vi-
rent le jardinier accourir de toutes ses forces : Ah! madame, s'écria-t-il, un grand
malheur vous est arrivé : le feu a pris à
votre maison, elle est presque déjà toute
brûlée. Il a commencé par les rideaux de
la fenêtre de votre chambre.

A peine avait-il dit ces mots, que Caro-

line poussa un cri, et tomba aux genoux
de sa mère. C'était son réchaud qui avait
mis le feu aux rideaux, les rideaux aux
meubles de la chambre, et de là les flam-
mes avaient gagné avec rapidité le grenier,
qui était plein de foin et de paille ; en
moins de rien, toute la maison fut consu-
mée : et voilà ce que fit une petite fille désobéissante qui avait touché au feu.

LES MARGUERITES DU PRINTEMPS.

Le printemps avait fait éclore une mul-
titude de fleurettes ; les prairies étaient
couvertes de primeroses et de marguerites.

La petite Fanchette, qui se promenait
avec sa maman, voltigeait comme un oi-

Les Marguerites du printemps.

La Petite Ménagère.

seau d'une fleur à l'autre, et s'imaginait
toujours que la plus belle était celle qu'elle
allait cueillir.

Quand on se fut bien promené, on s'as-
sit sous un arbre. Fanchette y resta à peine
deux ou trois minutes; elle courut avec
une nouvelle ardeur dépouiller la prairie
de ses ornemens passagers : elle eut bientôt apporté aux pieds de sa mère des bouquets de toutes grosseurs. C'était là un tré-
sor pour elle.

En considérant une marguerite dont les
feuilles étaient brodées d'une légère nuance
de rouge, elle s'écria tout à coup : Oh ! il
faut que je voie si maman m'aime bien au-
jourd'hui. Voilà une jolie marguerite qui
va me l'apprendre. Puis elle arracha les
petites feuilles blanches l'une après l'autre,
en disant : *Maman m'aime un peu; beau-*
coup, passionnément, point du tout. Elle
alla ainsi jusqu'à la fin. Malheureusement
elle tomba sur le mot *point du tout.* O mon
Dieu! maman, dit-elle tout interdite, est-
ce que vous ne m'aimez point? J'ai pour-

tant été bien sage. Comme sa mère n'avait
pas fait attention à ce qu'elle lui disait,
et qu'elle n'avait point répondu, la pau-
vre petite se mit à pleurer à chaudes larmes.

— Eh bien, ma fille, dit la mère, que si-
gnifient ces pleurs?

— Dame! c'est parce que vous ne m'aimez pas.

— Et qui vous a dit que je ne vous ai-
mais pas?

— C'est la marguerite qui me l'a dit:
j'ai fini par *point du tout.*

— Vraiment! Voilà une marguerite bien
savante. Et croyez-vous à de pareilles
niaiseries?

— Mais, maman, on me l'a dit, et l'autre jour j'ai vu ma grande sœur qui faisait
de même en répétant : *Il m'aime un peu,
beaucoup,* et qui parut bien fâchée quand
elle tomba sur ce vilain mot *point du tout.*

La mère réfléchit un peu là-dessus,
mais, revenant bientôt à Fanchette, elle

lui dit de prendre une autre marguerite et
de recommencer. Celle-ci obéit, et ses
larmes s'arrêtèrent tout à coup quand elle
prononça pour dernier mot *beaucoup*. Elle
se mit à pleurer de joie.

— Et pourquoi cette joie, ma fille? Le
nombre de feuilles de cette fleur a-t-il
changé quelque chose à mes sentimens
pour toi?

— Je vois bien que non, mais c'est
égal; j'aime bien mieux que la marguerite dise *beaucoup* que *point du tout*.

Elle embrassa sa mère, et l'on continua
la promenade.

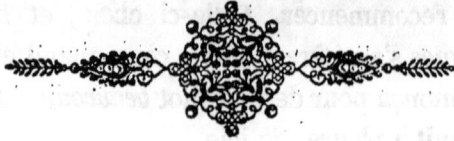

LA PETITE MÉNAGÈRE.

Voyez-vous ce que fait cette jolie petite fille qui a bien de la peine à porter une chaise? Elle range son ménage, et profite du moment où sa poupée repose dans son berceau, pour mettre en ordre tout ce qui l'entoure.

Toute petite qu'elle est, l'aimable Caroline aide quelquefois sa mère; elle aime à ne voir rien traîner. C'est un plaisir que de lui donner des joujoux; elle en a le plus grand soin, né les casse point, et les met en place aussitôt qu'elle cesse de s'en amuser.

Quand elle ôte ses vêtemens, elle les

range dans un lieu où elle sait qu'elle les
retrouvera. Elle n'est point comme ces
petites sans soin, qui laissent un bas d'un
côté, un bas de l'autre, et qui ne trouvent
jamais ce qui leur est nécessaire pour se
rhabiller. Il règne autour d'elle une propreté charmante. Sa poupée est toujours
bien mise, et sa robe n'est jamais déchi-
rée. J'ai vu de petites filles qui n'étaient
pas plutôt débarrassées de leur leçon,
qu'elles jetaient là le livre et ne savaient
où le prendre quand il fallait recommencer l'étude. Ces petites filles-là donnaient
de la mauvaise humeur tous les jours à
leurs mamans; Caroline, au contraire, lui
ménage à chaque instant quelque plaisir.
Caroline est une charmante enfant et de-
viendra une femme estimable : elle s'ac-
coutume à l'ordre et au travail, c'est-à-
dire aux deux qualités qui assurent notre
bonheur.

Une femme paresseuse et sans soin ruine
la maison de son mari et le conduit à la
pauvreté.

Une femme soigneuse entretient chez elle l'abondance, et fait de sa maison un lieu où se plaisent les honnêtes gens.

LA PETITE FILLE PRÉVENANTE.

La jeune Amélie est une enfant si aimable que tout le monde l'aime.

Vous allez voir si elle mérite d'être aimée.

Amélie tâche d'être utile ou agréable à tout le monde.

Dès qu'elle est levée, et qu'elle a adressé sa prière à Dieu, elle court bien vite auprès de son papa et de sa maman, et leur dit : Bonjour, mon papa, bonjour, maman ; voulez-vous me permettre de vous em-

La Petite fille prévenante.

La Petite travailleuse.

brasser? Puis elle ajoute : Comment avez-
vous passé la nuit? Ses parens, charmés de
son honnêteté, lui font toujours quelques
caresses.

Quand quelqu'un entre, elle traîne une
chaise, ou pousse un fauteuil, suivant ses
forces, et dit avec beaucoup de gentillesse :
Asseyez-vous, monsieur.

Quand elle entre dans une pièce où il y
a du monde, elle fait avec beaucoup de
grâce la révérence, et ne parle que lorsqu'on l'interroge.

Elle ne regarde point avec orgueil les
domestiques ou les personnes qui ne sont
pas riches : elle sait que tous les hommes
sont enfans de Dieu.

Si elle a reçu des dragées et qu'il y ait
là d'autres enfans, elle leur dit : Prenez
mes dragées.

Quoiqu'elle aime un peu à jouer, on ne
lui répète jamais de prendre son livre;
souvent elle le prend de son propre mou-
vément, et dit : Je vais bien étudier, parce
que ça fait plaisir à papa et à maman.

Si elle remarque que son père va sortir,
elle court chercher ses gants et son chapeau, et les lui présente.

Un soir qu'il faisait bien froid, et qu'elle
était avec sa maman auprès du feu, elle
dit : Mon papa doit avoir bien froid dehors ;
il va sans doute rentrer ; il faut que je fasse
chauffer ses pantoufles pour qu'il les trouve
bien chaudes quand il les mettra.

Puis elle prit dans ses mains les pantoufles, se baissa auprès de la cheminée, et
les tint devant le feu jusqu'à ce que son
papa fût de retour.

Je vous demande maintenant si l'on pou-
vait s'empêcher d'aimer une aussi charmante enfant.

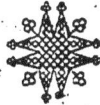

LA PETITE TRAVAILLEUSE.

L'AIMABLE Fanny travaillait ordinairc-
ment auprès de sa mère ; elle cousait, mar-
quait, tricotait ; elle montrait beaucoup
d'adressé dans tous les petits ouvrages
dont on la chargeait. Elle regardait bien
comment s'y prenait sa maman, puis elle
l'imitait. Un jour qu'elle était assise auprès
de madame d'Orbelle et qu'elle faisait un
ourlet, elle dit : Mais, maman, pourquoi
ne me laissez-vous pas jouer autant que
mon frère?

— Ma fille, répondit madame d'Orbelle,
ton frère est encore fort jeune, et, quand

il a étudié toutes ses leçons, on lui permet
de s'amuser dans le jardin.

— Mais, maman, reprit Fanny, mon
frère a un an de plus que moi.

— Cela est vrai, mon enfant; mais c'est
un garçon; je ne puis ni le faire coudre,
ni le faire tricoter, et il n'est pas assez
fort pour faire autre chose. Il faut, pour
l'occuper de quelque travail différent de
ses études, que nous attendions encore
plusieurs années. Quant à toi, c'est autre
chose; tu peux déjà employer utilement
les heures que tu ne donnes pas à tes livres;
je dois dire à ta louange que c'est toi qui
ourles tes chemises et tes mouchoirs, et
qui tricotes tes bas : cela est très-joli de la
part d'une petite fille de sept ans. Si tu
continues, on ne t'appellera pas pares--
seuse. Une fille a besoin de s'accoutumer
de bonne heure au travail; car c'est sur
elle que rouleront un jour tous les soins
du ménage; et, si elle n'a rien appris dans
sa jeunesse, comment fera-t-elle alors? Je

sais une petite historiette qui te fera mieux comprendre ce que je te dis là. Écoute.

Il y avait deux sœurs, de caractères bien différens : l'une aimait le travail et l'autre le jeu. Celle qui aimait le travail n'avait pas de plus grand plaisir que d'être assise comme te voilà, auprès de sa mère, et de tenir une aiguille. L'autre ne faisait que courir ou jouer avec sa poupée; quand on lui reprochait sa paresse, elle disait : Je n'ai pas besoin de travailler; papa et maman sont assez riches, et je ne veux pas être couturière.

On s'aperçut bientôt de la différence qu'il y avait entre les deux sœurs; l'une était toujours proprement mise, jamais on ne remarquait sur elle le moindre trou; l'autre, au contraire, offrait l'image du désordre, et, quand son vêtement était déchiré, elle priait quelqu'un de le raccommoder, ou faisait elle-même une couture encore plus vilaine que le trou.

Celle qui aimait le travail était d'une humeur égale, et ne paraissait jamais s'ennuyer; la paresseuse, au contraire, bâillait toute la journée, et avait mille caprices.

Les parens de ces deux sœurs vinrent à mourir sans leur laisser aucune fortune. La paresseuse fut bien embarrassée; l'autre se tira facilement d'affaire, et sut encore gagner de quoi nourrir la fainéante. Toutes deux trouvèrent à se marier.

La sœur laborieuse fit prospérer son ménage, et tint les vêtemens de sa famille dans un état de propreté qui faisait plaisir à voir; son mari se louait chaque jour de l'avoir choisie pour sa femme.

L'autre sœur, que le malheur n'avait pu corriger, laissa tout tomber dans un désordre affreux; sa famille, en habits déchirés, avait l'air d'une troupe de mendians. Comme il fallait toujours acheter, parce qu'elle laissait tout dépérir, sa maison fut à la fin entièrement ruinée, et son mari, qui mourut de chagrin, disait à ses amis : Le plus grand malheur qui puisse arriver à un homme est de prendre une paresseuse pour femme.

La Petite servante de sa Maman.

La Ronde.

Vois maintenant quel est le meilleur parti, d'apprendre à travailler, ou de passer son temps dans les jeux inutiles.

LA PETITE SERVANTE

DE SA MAMAN.

MADAME d'Orbelle était malade et restait dans son lit. Fanny, sa fille, était triste et inquiète : elle allait un peu dans le jardin, un peu dans la cour, rentrait dans le salon, et ne s'amusait nulle part. Elle n'avait pas vu sa maman depuis le matin. Elle monta tout doucement l'escalier, poussa avec bien de la précaution la porte de la chambre, marcha sur la pointe du pied, avança la tête, sans presque oser respirer, et vit que sa mère reposait en cet instant.

Elle s'approcha du feu et se mit sur son petit tabouret, pour attendre l'instant du réveil de sa mère; elle y resta bien une heure, et cela sans faire le moindre bruit. Comme elle avait entendu dire que sa mère devait boire de la tisane pour se guérir, elle eut soin de mettre devant le feu le pot qui la contenait; et, dès qu'elle s'aperçut que sa mère allait ouvrir les yeux, elle en remplit un gobelet et s'empressa de le lui présenter : Tenez, maman, lui dit-elle, buvez, et cela vous guérira.

Madame d'Orbelle, touchée de cette marque d'attention, sourit à sa fille en prenant le vase. Te voilà donc seule auprès de moi, ma chère enfant? lui dit-elle. Oui, maman, répondit Fanny; et cela suffit, car je suis votre petite servante, et je ne vous laisserai manquer de rien.

Elle fit ce qu'elle disait, et resta auprès de sa mère tant qu'elle fut malade; elle cherchait à la distraire par son petit babil, s'asseyait sur le pied de son lit, et courait chercher sa tisane dès qu'elle paraissait la désirer. Madame d'Orbelle avait plusieurs personnes autour d'elle, mais il n'y en avait pas de plus zélée que Fanny, sa fille.

LA RONDE.

A l'étude il faut du calme et de l'attention ; hors de là, mes enfans, amusez-vous bien, dansez, sautez, courez ; cet exercice ne vous fera aucun mal, si vous avez soin de ne pas vous mettre dans un endroit trop frais quand vous êtes couverts de sueur. J'aime des enfans qui jouent de bon cœur ; c'est volontiers la marque d'un caractère franc et ouvert. Je ne veux pas parler ici de ces petits polissons qui préfèrent le jeu à leurs devoirs; ceux-là, s'ils continuent, ne seront jamais que de mauvais sujets.

Cependant, mesdemoiselles, n'allez pas croire que vous avez le droit de jouer comme de petits garçons; que vous devez escalader les murs, grimper sur les arbres, lancer une pierre, fouetter un sabot, glisser sur la glace; vraiment cela serait beau! Vos jeux doivent avoir quelque chose de plus tranquille et de plus décent : cela convient à votre sexe. Courez pour développer vos forces, dansez pour prendre un exercice salutaire, et laissez les autres jeux turbulens à vos frères.

J'aime assez ces danses que l'on nomme *rondes*, où l'on forme un cercle en se tenant par la main, et où l'on saute tant bien que mal en s'accompagnant de quelque vieille chanson. Je voyais, ces jours passés, de petites filles fort jolies, qui dansaient l'ancienne ronde d'Ogier : *As-tu de belles Filles?* Cette ronde est bien vieille; les enfans l'ont transmise de génération en génération jusqu'à nous. Par le style on peut ju-

ger qu'elle a au moins trois cents ans. Il y
en a de beaucoup plus agréables que celles-
là, et dont les airs sont plus gais et plus
dansans. En général, les rondes les plus
amusantes sont celles où il y a une sorte
d'action : cela donne plus de mouvement et
fait de la danse un petit spectacle. Il y en a
une où l'on a occasion de montrer son ami-
tié à une personne; elle finit par ces mots :
Embrassez celle que vous aimez.

Les rondes sont des danses où l'on peut
s'exercer sans avoir recours à un maître;
il suffit de bonnes jambes; et cela convient
parfaitement à des écoliers dont le temps
est précieux, et qui peuvent l'employer à
quelque chose de mieux qu'à étudier des
pas de danse.

LEÇONS POUR LES ENFANS DE TROIS A CINQ ANS, composées de phrases à lire et de petites historiettes; neuvième édition. 1 vol. orné de 12 gravures.

COSTES POUR LES ENFANS DE CINQ A SIX ANS; pour faire suite aux *Leçons*, 1 vol. orné de 6 gravures, septième édition.

DOUZE HISTORIETTES pour les enfans de six à huit ans, par madame Delarbre. 1 vol. orné de jolies gravures.

QUINZE PETITS CONTES propres à former le cœur et l'esprit des enfans de 6 à 8 ans, par Bertin. 1 vol. orné de grav.

ACCIDENS DE L'ENFANCE (les), présentés dans de petites historiettes propres à détourner les enfans des actions qui leur seraient nuisibles; par Pierre Blanchard; quinzième édit. 1 vol. orné de gravures.

CHARMES DE L'ERMITAGE (les), Historiettes et Nouvelles propres à former le cœur et l'esprit de la jeunesse; par Mlle Élise Brun, institutrice. 1 vol. orné de gravures.

JEUNES ENFANS (les), contes, par Pierre Blanchard. 1 vol. imprimé en gros caractère, orné de 6 jolies figures; huitième édition.

CONTES A HENRIETTE, par Abel Dufresne, quatrième édit. 1 vol. imprimé en gros caractère, et orné de 4 jolies gravures.

MODÈLES DES ENFANS, ou Traits d'humanité, de piété filiale, d'amour fraternel, et progrès extraordinaires de la part d'enfans de six à douze ans; ouvrage amusant et moral; quinzième édition. 1 vol. orné de figures.

TOM POUCE, ou le Petit Garçon pas plus grand que le doigt; conte traduit de l'anglais, par feu Théod. Bertin. 1 vol. orné de 6 gravures.

ENCOURAGEMENS DU PREMIER AGE (les), ou Historiettes instructives et amusantes, propres à concourir à l'éducation morale de l'enfance; par M. Rénal. 1 vol. orné de gravures.

PREMIÈRES CONNAISSANCES (les), à l'usage des enfans qui commencent à lire. 1 vol. imprimé en gros caractère, et orné de 5 fig. et d'un titre gravé; quatorzième édition.

Ce petit ouvrage, dont on a remarqué l'ordre et la clarté, a été adopté pour les écoles d'enseignement mutuel. Il l'était déjà dans un grand nombre de pensions, et la vente s'accroît à mesure qu'il est connu.

Imprimerie de E. DUVERGER, rue de Verneuil, no 4.